Σίγμα-Κάππα

4
Χρόνια

Σταματόπουλος Μιχάλης

Μιχάλης Σταματόπουλος

Α' έκδοση, 2018

Κεντρική διάθεση:
τηλ: 6982117993   email: sigmakappasolitude@gmail.com
www.poiisi4.webnode.gr

ISBN: 978-618-00-0209-6

Απαγορεύεται η αναδημοσίευση ή αναπαραγωγή του παρόντος έργου στο σύνολό του ή τμημάτων του με οποιονδήποτε τρόπο, καθώς και η μετάφραση ή διασκευή του ή εκμετάλευσή του με οποιοδήποτε τρόπο αναπαραγωγής έργου λόγου ή τέχνης, σύμφωνα με τις διατάξεις των νόμων 2121/1993 και 100/1975, χωρίς τη γραπτή άδεια του εκδότη.

Σημείωμα του συγγραφέα.

Το έργο αυτό είναι η συγκεντρωμένη προσπάθεια ενός ατόμου να εξηγήσει όσα βλέπει, επηρεασμένος από όλους τους ανθρώπους που συνάντησε καθ' όλη την πορεία της ζωής του μέχρι τώρα. Στο σημείο αυτό, είναι πλέον δύσκολο και για τον ίδιο να ξεχωρίσει πόσα από αυτά που σκέφτεται είναι δικά του ή κατά πόσο δρα υπό την επήρεια των απόψεων που του επιβάλλονται, από τους ανθρώπους γύρω του, αλλά και των καταστάσεων που βιώνει λόγω των επιλογών του.

ΠΕΡΙΕΧΟΜΕΝΑ

Ο σκύλος…………………...3

Σιωπή……………………….5

Σε εκείνη που θύμιζε μια ξένη…..7

Απόγευμα…………………...9

Πάλη………………………..11

Βράδια στο δωμάτιο…………….13

Εστία, δωμάτιο 305……………..16

Το δωμάτιο………..………...19

Δειλινό……………………...20

Παραλήπτρια Άλφα……………..22

Κατάληξη…………………..26

Αν…………………….27

Ο σκύλος

Ένα απόγευμα δεμένος σε ένα στύλο

Το αφεντικό μου, μου έδωσε ένα καινούργιο περιλαίμιο.
Δεν ήταν καινούργιο αγοραστό, το έβγαλε απ' τον καινούργιο σκύλο.
Φόρεσε το καινούργιο στο μικρό κι αυτό που έμεινε το πήρα εγώ.
Το αφεντικό μου δεν μου είπε τι αξίζω.

Παρόλα αυτά, το αφεντικό μου είναι καλό.
Με χαϊδεύει και μου δίνει φαγητό.
Τα πρωινά με έχει δεμένο σε ένα δέντρο.
Το βράδυ με έχει αμολητό.
Τουλάχιστον για όσο δεν κάνω κανένα κακό.
Όπως τότε που έσκαψα να πιάσω ένα ποντικό,

μην μπει στο σπίτι και ροκανίσει
κάποιο ξύλο.
Το ξύλο τελικά το έφαγα εγώ.
Που να ξέρω;
Ίσως έχω καλό αφεντικό!

Σιωπή

Ήχος, μια μελωδία, η γιορτή έχει
τελειώσει,
όλοι θα έχουν κοιμηθεί.
Η μοναξιά είναι η μόνη που με
παρακολουθεί.

Ήχος, μια φασαρία κι ηδονή.
Δεν ξέρω τι γίνεται και το πάπλωμα
βαρύ.
Θα της εξηγούσα περισσότερα
μόνο που θα χαλούσα την σιωπή.

Ήχος, αϋπνία κι η νύχτα που
εξασθενεί.
Το γλυκό φως της μέρας που σου
φάνηκε θλιμμένη.
Η ώρα που όσα πήρε πίσω δεν τα
φέρνει.

Ήχος, η μοναξιά μου, το σκυλί,
κουλουριασμένο, βαριανασαίνει
στο χαλί.
Ήταν κι αυτή δική μου επιλογή.

Ήχος, ησυχία κι η μυρωδιά της,
στο μαξιλάρι που 'χε απ' τα δάκρυα
βραχεί.
Ο σκύλος που γαβγίζει, μα δεν
ορμάει.
Για πάντα μια ακλόνητη σιωπή.

Σε εκείνη που θύμιζε μια ξένη

Σου πάει, νομίζω,
πιο πολύ από όλα τα χρώματα, το
λευκό.
Ίσως πάλι να είναι από 'μένα
γιατί μου θυμίζει τον ήλιο.

Πάντα χαμογελαστή, χαρούμενη,
ανέλπιστα αισιόδοξη, σαν μικρό
παιδί.
Γι' αυτό σου πάει το λευκό.
Και τώρα που το σκέφτομαι,
όσες φορές σε είδα
φόραγες λευκό.

Ο τρόπος σου μου θύμισε
πως θα 'πρεπε να ζω.
Τώρα σε αφήνω.
Κανέναν λόγο δεν θα είχα να
επιμείνω,
όταν ξέρω ότι δεν θα θυσίαζες
λεπτό.
Σαν ρέστα μου κρατάω
το χαμόγελο
και σαν ευχαριστώ,

το βλέμμα σου που με έλουσε
ολόκληρο,
τόσο δειλό και αθώο.

Απόγευμα

...άλλη μια μέρα θα σου πω πως έκανα ό,τι ήθελα. Ανάθεμα, να ήξερα αν βγάζει πουθενά...

Κάθε απόγευμα κάτι φοβάμαι,
κάθε απόγευμα κάτι δεν ζω,
κάθε απόγευμα είμαστε μόνοι,
και μόνοι μας φταίμε γι' αυτό.

Και κάποιο απόγευμα θα δω καθάρια,
πίσω από σύννεφα σκιές.
Ξελογιάστρες θεές, θα με τραβούνε με μάγια,
εικόνες ζωών, επιχρυσομένες στιγμές.

Θα αφήσω το βάρος μου πίσω, χαμένος,
θα πάω να βρω τις λευκές τους σκιές.

Οι δικοί μου θα κλαίνε, μα δεν θα
φοβούνται,
που εν τέλει κι αυτοί θα γίνουν
σκιές.

Κι αυτό το απόγευμα που γράφω
για 'σένα,
να μην τους φοβάσαι, δεν είναι
σωστό.
Οι άνθρωποι που σ' αγαπούν πιο
πολύ από 'σένα,
σε σκέφτονται ακόμα κι αν δεν
είσαι εδώ.

Πάλη

Πρωί πάλι.
Άλλο ένα πρωί πάλι.
Τόσα να γίνουν, μα και τόση,
αποστροφή για όλα, πάλι.

Αυτό το κενό που δεν γεμίζει
κι αυτή η ατελείωτη πάλη.
Όλα ζουν, όλα υπάρχουν,
οι ήχοι μας κυκλώνουν
και τα διαβήματά μας
στο κενό πέφτουν, πάλι.

Τα σχέδια θα αλλάξουν
μέσα σε μια στιγμή.
Όσα ξέρεις θα οριστούν
ξανά από μια θλίψη.

Το πουλί θα κελαηδήσει
κι ας πέσει η φωλιά του.
Ο ήλιος θα φωτίσει
και ας μένει το φως
πίσω από τα σύννεφά του.
Ο άνθρωπος θα ζήσει
κι ας μην γίνει το θέλημμά του.

Όλα είναι υπέροχα
αν είμαι μακριά του.

Βράδια στο δωμάτιο

Ένα βάρος, ένα στυλό και μια
λάμπα.
Ένα χαρτί, μουσική και τσιγάρο.
Σκιτσάρω σχέδια και φέρνω
μνήμες,
πίσω στην πραγματικότητα που
υπήρχες.

Σηκώνω το κεφάλι μου μάταια
να δω αν κάτι κατάφερα
και όσα χαρτιά και αν γεμίσω
όλα είναι άδεια.

Τα σχέδια θα μείνουν στα χαρτιά.
Ανεκπλήρωτη υπόσχεση, ελπίδα
και τα πράγματα που κράτησα,
σε ένα κουτί μέσα στην ντουλάπα,
που τελευταία το ανοίγω συχνά
και κοιτάζω όλα τα γράμματα,
τις φωτογραφίες κι εκείνα τα
κοχύλια,
που ένα καλοκαίρι μάζεψες για
'μένα.

Τις φωτογραφίες που γελάς, μιλάς ή
αλλού κοιτάς,
μακριά, σαν να είχες δει πριν από
όλα τα πάντα,
αλλά δεν είπες τίποτα.

Τώρα τα γράμματα άρχισαν να
γίνονται κίτρινα,
από τα χρόνια που πέρασαν
ή από τις τόσες φορές που τα
διάβασα.
Τσαλακώθηκαν και έγιναν
δυσανάγνωστα.

Πλέον όμως, τα αποστήθησα
και τα διαβάζω μόνο για να
νιώθω ότι ακουμπάω κάτι που
άγγιζες κι εσύ.

Εστία, δωμάτιο 305.

Εστία, δωμάτιο τριακόσια πέντε.
Από τις εννιά,
ως τις έντεκα και πέντε.
Φλέβες, αίμα κι ηδονή.
Ξύπναγα, ζαλισμένος ακόμα το πρωί
κι έκλαιγα που δεν βρήκα κάτι να με σώσει.

Κυρίως μας πλήγωσε η αγάπη.
Κυρίως μας πλήγωσε η ζωή.
Κυρίως πληγωμένοι.

Ρε Αντώνη, ρε Οδυσσέα,
λέτε όλα να 'τανε μοιραία;
Τόσες γυναίκες που περάσαν
δίχως ποτέ να μας ακούν;

Όλοι μας είχανε γι' αλήτες.
Μόνοι γυρίζαμε τις νύχτες.
Ποιος απ' τους δυο σας κάποτ' είπε
πως δεν φοβάται την ζωή;

Γυναίκα είναι και αυτή:
φλέβες, αίμα κι ηδονή,
γλυκόπιοτη σαν το καλό κρασί.

Νιώσαμε ένα βράδυ το φιλί
κι έπειτα μας μάτωσε τα χείλη.
Καταληξαμε συναισθηματικά
νεκροί,
άτομα ανασφαλοί,
σε κοινωνία που ψάχνει για ευθύνη.

Που να το πω και τι να νιώσω;
Μ' άφησαν πίσω να παγώσω
Μέσα στην κρύα λογική.

Εστία, δωμάτιο τριακόσια πέντε.
Μόνη της στο μπαλκόνι εστέκε.
Γιατί κλαίει, για δε 'λέτε;
Κοπέλα δίχως ηθική.

Κι αυτή η κοπέλα στο μπαλκόνι
θαρρώ φορούσε ένα σεντόνι.
Δεν είχε πια τι να μας πει.
Σκιά κατάντησε κι αυτή.

Τα βλέμματά μας όλα ρηχά,
αλλά ευχαριστιόντουσαν τα
σώματα.
Είχε κρυφτεί η ψυχή δειλά
και πόναγε ανώνυμα

Εστία, δωμάτιο τριακόσια πέντε.
Εμείς οι τρεις και άλλοι πέντε.
Γιατί δε ζω, για' δε μου λέτε;
Ποιος ζει εις βάρος μου και που;

Το δωμάτιο

Ένα δωμάτιο του σπιτιού.
Κάπου ανατολικά,
και το παράθυρό του έβλεπε στα
όνειρα.

Σχετικά μικρό.
Το χρώμα στους τοίχους του,
γαλάζιο.
Σχετικά μοναχικό.

Ακόμα παιδικό.
Καθόλου αλλαγμένο.
Έμεινε πάντα ως ήτανε χτισμένο.

Είχε βιβλία πολλά,
είχε συναισθήματα κρυμένα.
Είχε καρδιά.
Είχε εσένα...

Δειλινό

Γλυκιά δροσιά μας δέρνει
Κοπέλα που ερωτεύτηκε
και αναμνήσεις φέρνει.
Γλυκιά δροσιά μας δέρνει.

Δροσιά και αεράκι
οι γάτες που τσακώνονταν
πάνω στο μαρμαράκι
Δροσιά και αεράκι.

Ύπνος γλυκός που χάθηκε,
φωνές ανδρών που πάνε
σε κόρη που δεν στάθηκε.
Ύπνος γλυκός που χάθηκε.

Το τέλος το μαρμάρινο

που όλοι ακολουθάμε.

Δεν έφταναν τα όνειρα

και γι' άλλα πολεμάνε.

Παραλήπτρια Άλφα

Αγαπητή κι Αγαπημένη,
είμαστε όλοι ερωτευμένοι,
με τα μάτια σου.

Γράφω την επιστολή μου
με ένα δάκρυ στην ψυχή μου,
μην ρωτάς...

Θα γυρίσω πάλι πίσω
να ακούσω, να μιλήσω
για εμάς...

Ψηλαφίζω τα κομμάτια,
κάπου συναντώ σημάδια.
Ποιον ζητάς;

22

Αγαπητή κι Αγαπημένη,
πάντα απομακρυσμένη
από 'μας.

Με λίγη πάντα υπεροψία
και δεν σου κρατώ κακία
που ποτέ δεν με κοιτάς.

Δεν σου βρίσκω αδυναμία.
Διώχνεις πάντα με μανία
ό,τι δεν το αγαπάς.

Κι αν τα όνειρα σου αδράξω,
μην με φοβηθείς αν κλάψω,
στο κλάμα βλέπεις ανθρωπιά.

Τόσο θεωρώ αστείο,
το παιχνίδι το "αθώο"
που μας παίζεις στην καρδιά.

23

Αγαπητή κι Αγαπημένη,
νιώθω γλυκιά, μαζί και ξένη,
κάθε σφιχτή σου αγκαλιά.

Σαν επίλογο θα γράψω
για τους πόθους που στοιβάζω,
κάθε βράδυ που ξυπνάς.

Σίγουρα θα σ' αγκαλιάσει,
θα σε φιλήσει, θα σ΄ ανάψει
και ας μην τ' αποζητάς.

Συγγνώμη δεν θα σου ζητήσει.
Θα γελάσει σαν θα φύγει.
Θα 'ναι νύχτα, θα 'ναι αργά.

Έπειτα, μετανιωμένη,
θα καταλάβεις, πληγωμένη,
η ψυχή δεν 'υχαριστιέται με φιλιά.

Αγαπητή κι Αγαπημένη,
από άλφα ξεχειλισμένη
είν' η λέξη "αγαπώ".

Το υστερόγραφο μου μένει,
Αγαπητή κι Αγαπημένη,
σαν κρυφό μου μυστικό.

Μην ρωτήσεις για να μάθεις,
υπήρξα μόνο ένας διαβάτης
μέσα σε λαβύρινθο.

Ελπίζω όλα όσα είσαι,
να σε ευχαριστούν, όταν θυμάσαι
πόσους κάνεις να πονούν!

Αγαπητή κι Αγαπημένη,
μια ανάμνηση θα μένει
πάντα, για πάντα, η ζωή.

Κατάληξη

Η θάλασσα ανατρίχιαζε
κόντρα στον άνεμό της
κι ο ήλιος που τη μέθαγε,
σπάνια ήταν δικός της.

Από εκεί που έστεκα
ο λόγος μου υστερούσε
και κάθε που της μίλαγα
εκείνη με ξεχνούσε.

Μίλαγε κι όλο έλεγε
χωρίς ποτέ ν' ακούει.
Έλεγε κι όλο μίλαγε
χωρίς ποτέ να ζει.

"Σβήνουν αστέρια, σβήνουν ήλιοι
κι εσύ νομίζεις δεν θα σβήσει η
αγάπη, δεν θα σβήσει η ζωή;"

Αν...

Ο ένας ερχόταν πιο κοντά στον
άλλο,
μοιραίο θυμικό, "πικρόν, μα
έμορφον".
Δεν ξέρεις που θα πας
στο άγνωστο, μάλλον.
Τα μάτια σου δεν μοιάζουνε μ' αυτά
των φοβισμένων.

Το Κάππα σαν περίγραμμα, λευκής
σαρκός μαντήλι,
στα μάτια της το έρεβος, σκοτάδι,
μαύρη ύλη.
Πυρακτωμένα χάσματα, χείλη ζωή
τ' Απρίλη,
άγγιζαν τον αέρα μας κι ακούγαμε
φυτίλι.
Χιόνι λευκό, σα σύννεφο, σε

πρόσωπο θλιμμένο,
τα λόγια σου δεν άκουγα,
λόγια δεν περιμένω.

Σαν έφευγε τ' απόβραδο, σε δρόμο
κοιμισμένο,
το βλέμμα της δεν χάριζε
κι αλλού το 'χε στραμμένο.

Κρυστάλλινο περίβλημα, που όλα
τα κάνει ίδια,
δεν έλυσα το πρόβλημα γιατί 'χα
μιαν ελπίδα.
Μουντό πρωί σαν αίνιγμα, που
ψάχνει την αλήθεια.
Βουβό μυαλό αναπαύεται πάντα
μεσ' τη συνήθεια.

Επίλογος

(Ναρκωτικά στην εφημερίδα)

Κυριακή πρωί! Η γυναίκα του κι η κόρη του έφευγαν για τον Κυριακάτικο περίπατό τους υπό το φως ενός ήλιου που έδειχνε Ελλάδα. Ο κύριος Ευθύμης θα ήθελε πολύ να τις συνοδέψει, ωστόσο απολάμβανε περισσότερο ένα ήσυχο καφεδάκι, συντροφιά με την εφημερίδα του.

Αφού η σύζυγος κι η κόρη του έφυγαν -έχοντας πρώτα σερβίρει τον άντρα του σπιτιού- σοβαρός, με τις πιτζάμες του ακόμα, βγήκε στο μπαλκόνι. Έκατσε στην καρέκλα του, αυτή με το καλύτερο μαξιλάρι και ξεδίπλωσε την εφημερίδα του.

Σοβαρές πολιτικές εξελίξεις, συμβούλια, νόμοι, νομοσχέδια, εγκληματικότητα και ο κύριος Ευθύμης να τα διαβάζει όλα αχόρταγα, νιώθοντας φόβο για το αύριο, αλλά και ένα είδος ικανοποίησης που είναι μέσα στα πράγματα.

Μα αυτό που τον τρομάζει πιο πολύ από όλα δεν το έχει διαβάσει ακόμα.

«ΕΞΑΡΘΡΩΘΗΚΕ ΕΓΚΛΗΜΑΤΙΚΗ ΟΡΓΑΝΩΣΗ ΠΟΥ ΔΙΑΚΙΝΟΥΣΕ ΝΑΡΚΩΤΙΚΑ ΜΕΣΑ ΣΕ ΚΡΑΓΙΟΝ», αναφέρει το αστυνομικό ρεπορτάζ και κάνει τον κύριο Ευθύμη να τιναχτεί από την καρέκλα του και να τρέξει στο δωμάτιο της κόρης του. Βρίσκει την τουλέτα της και αδειάζει όλα της τα κραγιόν από το συρτάρι, επάνω στο κρεβάτι. Ύστερα, αρχίζει να τα δοκιμάζει όλα ένα- ένα. Όταν βάζει κάποιο στα χείλη του, αφήνει να περάσουν μερικά λεπτά, να δει αν έχει κάποια παρενέργεια κι έπειτα προχωράει στο επόμενο.

Ξάφνου, νιώθει ότι κάποιος πίσω του τον παρακολουθεί! Τρομοκρατημένος, γυρίζει σιγά-σιγά το κορμί του. Ακούει καθάρα την ανάσα του αγνώστου στην πόρτα να τον απειλεί. Τελικά, αντικρίζει το πρόσωπο του παρατηρητή του και δεν είναι άλλο από την γυναίκα και την κόρη του που στέκουν και τον κοιτούν απορημένες.

«Τι ακριβώς κάνεις εκεί;» τον ρωτάει η γυναίκα του καθώς βλέπει το πρόσωπό του γεμάτο χρώματα από κραγιόν.

« Διάβασα στην εφημερίδα ότι βάζουν ναρκωτικά στα κραγιόν. Ήθελα να διαπιστώσω από μόνος μου αν η κόρη μας παίρνει ναρκωτικά», δικαιολογείται ο κ. Ευθύμης εντελώς φυσικά.

Οι δύο γυναίκες κοιτάζουν μπερδεμένες!

« Μαμά, νομίζω ότι βάζουν ναρκωτικά στην εφημερίδα!»

Αφιερωμένο στην γυναίκα που με έμαθε να κρατάω το μολύβι και στη γυναικα που μου έδωσε αφορμή να το χρησιμοποιώ...

Περισσότερη ποίηση:
https://poiisi4.webnode.gr/

www.ingramcontent.com/pod-product-compliance
Lightning Source LLC
Chambersburg PA
CBHW031508040426
42444CB00007B/1253